Gib
dein Glück
nicht
aus der Hand ...

...ein GlücksStern...
wohnt in jedem Herzen

Dieses Baeredel-Buch gehört:

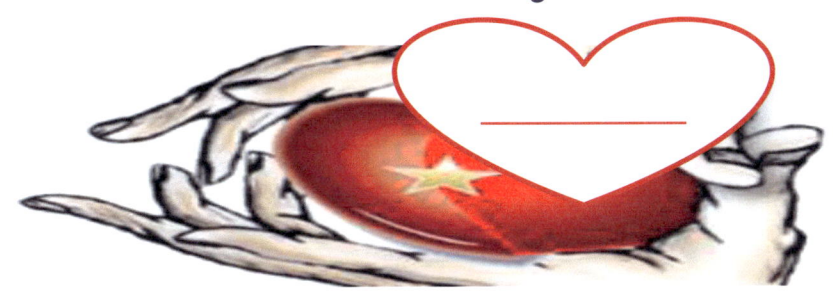

Bibliografische Information durch
Die Deutsche Bibliothek:
Die Deutsche Bibliothek verzeichnet diese Publikation in
der
Deutschen Nationalbibliografie; detaillierte bibliografische
Daten sind im Internet über
https://portal.dnb.de/opac.htm abrufbar.

Herstellung und Verlag
BoD – Books on Demand, Norderstedt

ISBN 9783755778981

Der eine
Glücksmoment
ist es,

der den Samen
für die
duftende
Blüte
des Glücks

im Herzen
vorbereitet...

*Willst du glücklich sein
im Leben,
trage bei zu andrer Glück,
denn die Freude, die wir geben,
kehrt ins eigne Herz zurück.*

Altes deutsches Sprichwort

Ein Glücksstern wohnt in jedem
Herzen,
er schläft darin, das ist wohl
wahr...
träumt er auch manches Mal mit
Schmerzen,
küsst man ihn wach, das ist doch
klar...

Deinen Glücksstern fand ich
neulich,
voll Freude flüstert' ich ihm zu:
>>entdeckt' mein' Lieb', das ist
erfreulich,
denn du bist es, nur du, nur du...

Dein Glückstern schickt nun seine Strahlen
durch deine Augen hin zu mir...
vor Glück, man möchte dich so malen
Du bist so schön, er lebt in dir...

Bis er erwacht, so küss' ich ihn,
dein Glückstern bebt vor Glück...
schaut zu meinem Glückstern hin
und will niemals mehr zurück.

Unsre Sterne, im Glück vereint,
ihnen tun wir's einfach gleich...
still ist das Glück, das für uns
scheint,
unbezahlbar macht's uns reich<<

Kaufen
kann man's
nicht,
das Glück

ein Muss zur Pflege
ist aber Pflicht,
denn es muss glänzen,
sonst kann es dies nicht…

dann
zieht sich's
verwundet
und ganz leis'
zurück…

die Trennung fällt ihm
vielleicht auch schwer,
aber zurück kommt es
niemals mehr…

Wer

wirklich

glücklich

sein will,

der
schafft

das
auch...

Man muss das Glück auch zulassen...

Komm,

gib was ab
vom
großen
Glück,

ist's zu viel
für dich
allein?

Halt's nicht
zurück...

Freude kann
man teilen

geteilte Freude
ist
doppeltes

Glück...

Das Glück
kann man
nicht buchen...

so wie man bucht
ne Fahrt zum Meer...

du findest nichts,
du musst
nicht suchen...

man läuft
der Zeit
umsonst hinterher...

Das Glück
kommt
zu Dir
über Nacht,
manchmal eher
als gedacht...

Dann fragt's den Stern:
>> Hast du mich gern? <<

wenn dann ein >> JA << erklingt
sofort das Glück ins Herz rein springt...

gleich rein, wild tanzt es her und hin,
als wär' da ein reger Klopfer drin...

und hast du das denn nie gewusst
es spring dir dann fast aus der Brust...

und wenn's dann wächst und größer
wird
kannst du es teilen
unbeirrt...

Vom Glück
ein Stück

und wäre es auch
noch so klein

es wächst und
wird bald größer sein...

auch der Nächste
kann es teilen

und wieder neu
im Glück verweilen...

so kreist es um
die ganze Welt,

nicht zu kaufen,
auch nicht bestellt...

Streust du
in deinem Umfeld
Freude
aus,

kannst
du
später
im Glücke
baden...

Das Glück
ist ja geliehen bloß,

doch ist's zu pflegen,
wie ein Ross...

doch ohne Achtung,
wie ein Fluchttier

flüchtet es, auch
fort von dir...

Gib Dein Glück nicht aus der Hand

Glücklich sein
ist bei Weitem
nicht dasselbe,

wie
aufhören,
unglücklich
zu sein.

Johann Nepomuk Nestroy

Sich glücklich
fühlen,
auch ohne Glück...

das
ist
Glück.

Marie von Ebner-Eschenbach

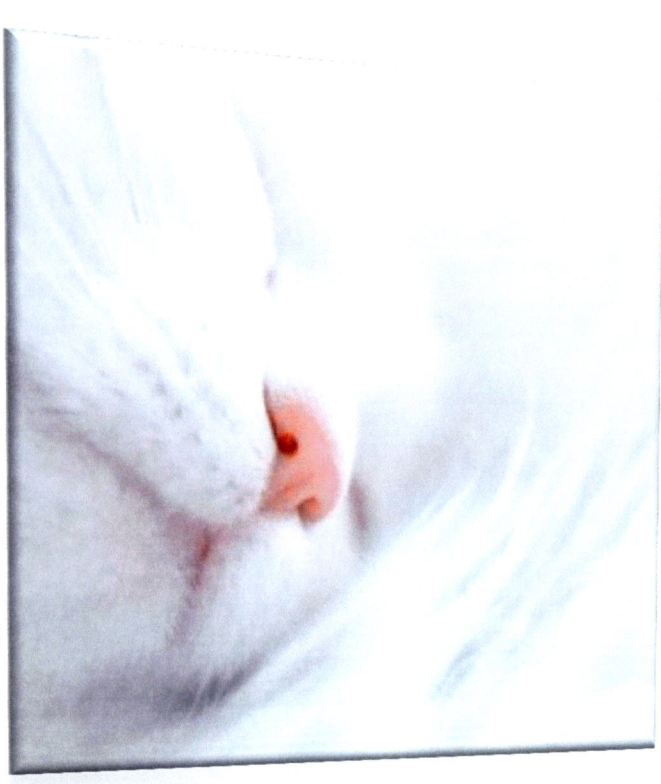

Will das Glück nach seinem Sinn
Dir was Gutes schenken,
sage Dank und nimm es hin
ohne viel Bedenken.

Jede Gabe sei begrüßt,
doch vor allen Dingen:
Das, worum du dich bemühst,
möge dir gelingen.

Wilhelm Busch

Dein Lebensglück
ist
wie ein Vogel,
den du liebst.
du nährst ihn

mit den Körnern
deines Herzens

und

tränkst ihn

mit

dem Licht deiner
Augen.

Khalil Gibran

So viele Uhren

gibt es,

*aber
nur
eine Zeit*

für Dich…

Mit dem Glück
verhält es sich
wie mit den Uhren...

Die einfachsten
gehen
am besten...

Chamfort

Das Glück
ist für das Leben,

was der Tau
für die Wiese ist.

Mongolisches Sprichwort

Das größte Glück

des Menschen ist,
dass er selber Urheber

seiner Glückseligkeit ist,

wenn er fühlt,
das zu genießen,

was er selber

sich erworben hat.

Immanuel Kant

Das Glück
ist wie ein Brillengestell.

Man sucht es,
bis man darauf tritt

und dann

ist es
hinüber.

Anette von Droste-Hülshoff

Die Gegenwart

des Elenden
ist dem Glücklichen
zur Last!

Und ach,

der Glückliche
dem Elenden

noch mehr.

Johann Wolfgang von Goethe

Reiche hilfreich deine Hand
und das Glück
wird sich vermehren...

*Entlasse das Glück,
das dir als Sklave
hat gedient,
eh es sich
zürnend selbst befreit.*

*Es hasst die Treu'
und
keinem dient es
bis ans Ende.*

Friedrich Schiller

Glücklich
allein
ist
die
Seele,

die
liebt.

Johann Wolfgang von Goethe

Denn dem
Glück,
geliebt zu werden,

gleicht kein
ander'
Glück
auf Erden.

Johann Gottfried Herder

Nimm

Dir Zeit,
um froh zu sein,

es ist
die Musik
der Seele.

Isländisches Sprichwort

Frohsinn
ist
ein Funke
zum Glück...

Willst

du dich im Glück
nicht ausgelassen freu'n,
im Unglück nicht unmäßig
kränken,

so lern so klug
wie Eulenspiegel sein:

im Unglück
gern ans Glück

im Glück
ans Unglück

denken.

Christian Fürchtegott Gellert

Auf Händen

trage

Dein

umso
unbeschadeter
kann es dir leuchten…

Was wir auch
in dieser Zeit
erlangen mögen,

ist doch
die Liebe
das höchste Glück.

Philipp Otto Runge

Glück

ist

Selbstgenügsamkeit

Aristoteles

Was können wir

glücklich
sein,

wenn wir
um uns herum

nur
Glückliche
haben...

Unbestritten
ist das
Glück:

Gesund
zu sein

und
darüber
einen

wachen Geist
unbeschränkt

in sich
wohnen
zu lassen...

Vom Glück

nimmt

auch

der Stolzeste

gern

ein Geschenk

an.

Deutsches Sprichwort

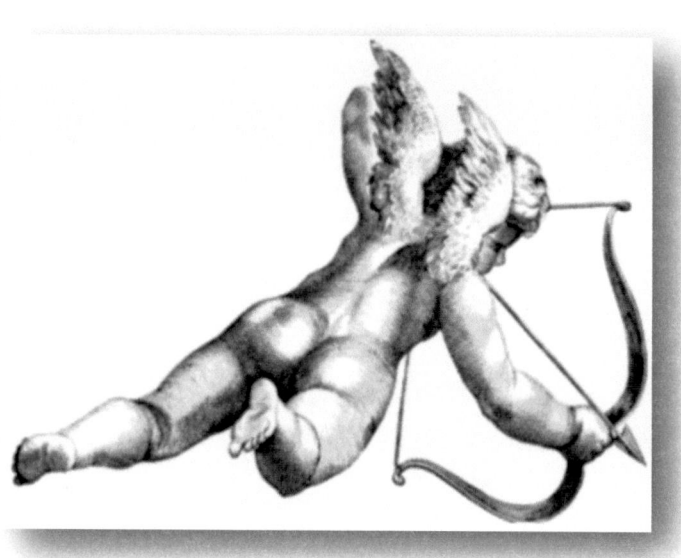

Das Glück,

das
vor der Not
kommt,
ist ein
verführender
Teufel,

das Glück,
das
hinter der Not
kommt,
ist
ein
rettender
Engel.

Johann Heinrich Pestalozzi

Wer

der Freude
seine Zeit gönnt,

den
trägt das Glück
über
alle
Stolpersteine...

Wenn

dich der Blitz
nicht trifft,
sondern
genau
neben dir
in die Erde fährt,

dann
war das
Glück...

kurz
aber
mächtig...

und ... fast unglaublich...

Unter

den Menschen
sind es nur Einzelne,

die,

ohne an sich
zu denken,
die reine Freude
an dem
haben,
was Gott

im Kleinsten so schön
geschaffen hat.

Adalbert Stifter

In

der Schule
kannst du
schreiben, rechnen, lesen
erlernen.

Dein Glück
zu erkennen,
lernst du dort nicht…

dazu
musst du
dein Herz
befragen…

Glaube,

dass

du glücklich

sein kannst,

dann

wirst du

es auch

sein...

Du selbst musst es wollen...

Zünde

ein Licht an,
wenn
späte Gäste kommen,

um dir Glück
und Freude zu bringen...

teile
dein Glück
mit
ihnen.

Glück und Freude
kennen
keine Finsternis
und
keine Kriege...

Keinem

nützt
ein Glück,
das zu so
später
Abendstunde
kommt,

dass man
es
im Finstern
gar

nicht mehr
sehen kann.

Asiatisches Sprichwort

Glück

hat der,

der
den Schlüssel

zum Herzen
findet...

Glück

bedeutet
auch

reiches
Vermögen

guter
Erinnerungen

rechtzeitig
zu aktivieren...

Große Dichter
große Denker
auf dieser Welt

hatten
ihre
Zeit
vor
unserer
Zeit...

unser Glück
kann es sein,
wenn wir ihre
Lebenserkenntnisse
uns
zu Nutze
machen...

... und weil

Zeit einmalig ist,

wünsche ich

Glück

Eine gute Zeit